LE VIEUX RÉPUBLICAIN.

CATÉCHISME POLITIQUE
D'UN PEUPLE LIBRE
Qui veut solidement fonder sa liberté,
ET D'UN PRINCE
Qui veut régner par la puissance de l'opinion publique.

PROPOSITIONS MAJEURES AUX REPRÉSENTANS DU PEUPLE.

LA double qualification que j'ai prise en tête de cet ouvrage n'est point un vain titre imaginé pour fixer l'attention du public par sa singularité ; la nature a pourvu à la réalité de la première, et, quant à la seconde, elle est l'expression fidèle de mes sentimens.

Mais autant elle est réelle, autant je sens la force des devoirs qu'elle m'impose. A l'âge où je suis parvenu, je n'ai nulle envie de flétrir les derniers instans de mon existence par la bassesse et l'adulation. J'ai conservé, dans une condition obscure et médiocre , toute l'indépendance de mon caractère, et je désire la porter jusqu'au tombeau, comme une conquête honorable de l'homme sur les séductions de la vie.

J'ai vu beaucoup d'hommes affecter une grande sévérité de principes et fronder avec courage les abus du pouvoir , pour se faire acheter à un plus haut prix. Les divers masques qu'ils ont pris et repris dans cette carrière d'imposture et de fausseté , les ont exposés à une nudité trop honteuse pour être tenté de les imiter. Rien au monde ne me paraît capable de dédommager le cœur humain de la perte de sa propre estime, surtout quand les illusions de la vie se sont dissipées, et qu'on n'a plus que quelques instans à donner à l'honneur et au respect de soi-même.

Quelques amis m'ont fait un reproche du titre de *Républicain* que j'ai pris, et m'ont communiqué leurs inquiétudes à l'occasion des idées que réveille cette dénomination tant de fois profanée, et si redoutable encore à bien des gens. Je ne pense pas que les esprits sages se laissent aller à des préventions aussi injustes. J'ai vu souvent à la vérité les effets de cette méprise dans les jugemens du public. J'ai vu le mot de *Philosophe* rigoureusement proscrit par les ennemis de toute lumière, parce qu'il y avait eu des hommes qui, sous le nom de philosophes, avaient corrompu la morale, et jeté des principes séditieux dans leurs écrits politiques. J'ai vu le nom de *Républicain* confondu avec celui de *Jacobin* et d'*Anarchiste,* parce que des hommes exagérés et sanguinaires avaient posé un bonnet rouge sur leur tête et pris des noms romains, en signe de leurs opinions: mais que font tous ces excès à la chose en elle-même? La philosophie en est-elle moins la science de la sagesse, et le républicanisme la profession courageuse de la vertu?

C'est dans cette acception honorable que j'ai considéré le nom de républicain, et que j'ai osé le prendre en tête de cet ouvrage. Que d'engagemens sacrés il me rappelle! Que de principes de justice invariable, de dévouement et de fidélité à la patrie, de haine contre toute oppression, de liberté courageuse contre les tentatives du despotisme; mais en même temps, que de respect pour les lois et pour les dépositaires intègres du pouvoir il m'impose!

Je l'avoue, avec un sentiment vif de reconnaissance, je dois à l'époque mémorable où nous nous trouvons l'idée et le courage d'avoir pris ce titre : non que j'aie jamais cru à la renaissance d'une république en France. La question de l'incompatibilité de cette forme de gouvernement avec nos mœurs, l'état de notre civilisation et le génie national, est résolue, je pense, à l'égard de trop de gens, pour qu'on puisse la hasarder de nouveau. Mais quand j'ai vu le chef de l'état marcher à la conquête paisible de son trône, en proclamant les grands principes de la liberté publique ; quand je l'ai entendu rendre hommage aux droits imprescriptibles du peuple, les rétablir à la face des nations dans toute leur étendue, ranger les trônes et les souverains à leur place ; quand je l'ai vu en appeler à la nation pour la confection de son pacte social, annoncer, avec la régénération de la France, les sentimens qui l'animeraient désormais au faîte du pouvoir, et rallier tous les Français au nom de la patrie et de la liberté : alors, je le répète, j'ai cru à l'association des principes républicains avec les institutions d'une monarchie, et je n'ai pas craint de m'intituler le *Vieux Républicain*.

(5)

Je vais donc continuer sous ce titre la tâche
que je me suis imposée. Dans mon dernier
cahier , j'ai annoncé l'intention de m'occuper
des articles contenus dans l'*Acte Addi-
tionnel aux Constitutions de l'Empire.* Je
crois ce travail inutile ; il me semble que l'o-
pinion est suffisamment formée sur la nécessité de rassembler sous un même point de
vue toutes les parties éparses de nos lois
fondamentales , de les faire coordonner entre
elles , d'en former un code complet dégagé
de toutes les institutions qui peuvent porter
atteinte à l'égalité civile et à la liberté du
peuple , et de rétablir sur ces bases la régénération solennelle de la France. Dans cette
hypothèse , que je crois digne de la grande
époque où nous nous trouvons , des circonstances singulières dont elle est marquée , des
intérêts de la nation, de la magnanimité , de
la stabilité même du prince que les vœux des
Français ont rappelé au trône (1); j'ai pensé
qu'un autre genre de travail serait plus utile.
Je m'y suis livré avec courage. Heureux s'il
renferme , sous les formes élémentaires que
j'ai empruntées, tous les principes qui peuvent

______

(1) Voyez cette idée développée dans mon dernier
cahier.

assurer la liberté publique, et fortifier, dans le Prince rendu à notre admiration et à notre amour, les sentimens qui seuls peuvent fonder sa puissance sur l'opinion publique!

CATÉCHISME POLITIQUE

D'un Peuple libre qui veut solidement fonder sa liberté, et d'un Prince qui veut régner par la puissance de l'opinion publique.

I.

Principe unique de la liberté du Peuple.

Demande. Quel est le principe qui seul peut légitimement servir de base aux constitutions d'un peuple libre ?

Réponse. Celui que l'Empereur Napoléon a solennellement proclamé, à son retour en France, en 1815 : *Que les trônes sont faits pour les peuples, et non les peuples pour les trônes.*

D. Ce principe est-il vrai ?

R. Il est du nombre de ces vérités primitives qui portent avec elles leur évidence, et contre lesquelles il n'est pas possible de faire une objection raisonnable.

D. Sur quoi est-il fondé ?

R. Sur ce seul fait, également incontestable; qu'il y avait des peuples avant qu'il y eut des rois, et que ceux-ci n'ont pu être établis que pour gouverner au nom des premiers, et pour leurs intérêts.

D. Est-il universellement reconnu?

R. On a mieux aimé l'étouffer que le combattre. Des tyrans et des imposteurs de toute espèce sont venus avec des doctrines qui ont fait descendre les trônes et les rois immédiatement du ciel, et leur indépendance une fois établie, on n'a pas eu de peine à en conclure que *les peuples étaient faits pour les rois, et non les rois pour les peuples.*

D. Qu'en est-il résulté?

R. Un ordre universel de choses qui a tout bouleversé dans les constitutions politiques des peuples, en mettant ces derniers à la discrétion absolue de leurs souverains; ce qui a produit nécessairement leur esclavage et toutes ces institutions tyranniques, qui, pendant tant de siècles, ont maintenu leur avilissement,

D. C'est donc un grand bienfait de la part de l'Empereur Napoléon d'avoir rétabli ce principe?

R. Quelques hommes éclairés et courageux l'avaient reconnu et proclamé; mais jamais il n'était sorti de la bouche des rois aussi clairement et aussi solennellement exprimé. C'est le plus grand effort de la puissance contre les séductions qu'elle traîne à sa suite. Il est la garantie certaine non seulement de la liberté du peuple français, mais encore de la liberté future de tous les peuples. C'est lui qui, dans un seul instant, a fait tomber tous les sophismes de l'adulation et de l'imposture, intéressées au maintien de la suprématie des rois. C'est lui qui tout à coup a investi le Prince qui l'a émis de la puissance et de la force nationales avec lesquelles, seul, sans armées, sans appareil, il s'est trouvé plus affermi que jamais dans la possession contestée de ses droits. Ses effets seront la preuve éternelle que le chef d'un état n'est jamais véritablement fort et grand, que lorsqu'il agit avec un peuple qui a repris sa place dans l'ordre naturel de ses transactions sociales.

D. Quelle est la conséquence de ce principe?

R. Que le peuple est nécessairement *souverain;* que tous les pouvoirs émanent de lui, et que le prince, sous quelque dénomination qu'il gouverne, n'est que son *premier magistrat.*

II.

De la garantie du peuple contre les rois , et des rois contre le peuple.

Demande. Quelle est la garantie commune du peuple contre son premier magistrat, et du premier magistrat contre le peuple?

Réponse. Ce sont les lois.

D. Quel est l'effet des lois?

R. De sauver le peuple des usurpations du pouvoir de son délégué ; et le prince des prétentions abusives de la souveraineté du peuple.

D. Dans quels excès tombe-t'on, lorsque ces barrières ne sont pas strictement et rigoureusement posées ?

R. Dans la *tyrannie* ou dans l'*anarchie* , les deux plus terribles fléaux qu'un peuple ait à redouter.

D. Quand est-ce qu'il y a principe de tyrannie ou d'anarchie ?

R. Il y a principe de *tyrannie* , lorsqu'un prince trouve le moyen de mettre impunément sa volonté à la place des lois ; et principe d'*anarchie* , lorsque le peuple peut arbitrairement contester au prince l'exercice légitime de son pouvoir, et arrêter à son gré la marche de son gouvernement.

D. Qu'est-ce que les lois ?

R. Les lois sont l'expression de la volonté du peuple ; elles déterminent à quelles conditions il a déposé une portion de son pouvoir entre les mains de son premier magistrat, pour conserver avec sécurité la portion qu'il entend se réserver.

D. Sur quoi doivent donc statuer de bonnes lois ?

R. Premièrement, sur la nature et l'étendue des droits du peuple ; et en second lieu, par qui et comment il veut être gouverné.

D. Qui a le droit de faire des lois ?

R. C'est exclusivement le peuple, parce qu'il est incontestable que celui qui a la puissance souveraine, a seul le droit de régler lui-même les conditions de son pacte avec le pouvoir qu'il constitue.

D. Quand est-ce que le peuple perd le plus sacré de ses droits ?

R. Lorsque son premier magistrat s'arroge le pouvoir d'établir des lois et de les faire agréer sans le concours de sa volonté ; ou, lorsque cédant lâchement à une force étrangère, il en reçoit la modification qu'il plaît à ses oppresseurs de lui imposer.

D. Que pensez-vous de cette dernière situation?

R. Qu'elle est la plus honteuse où un peuple puisse parvenir ; la perte de son indépendance le fait tomber au dernier rang des peuples esclaves; il faut des siècles pour effacer la tache que lui imprime cette dégradation.

D. Le peuple a-t-il le droit de refaire ses lois?

R. Il ne peut jamais le perdre ; il en a sur-tout le droit, quand des lois antérieures, impuissantes ou abusives ont rendu sa condition intolérable, ou lorsque des circonstances impérieuses lui font un devoir, pour sa sûreté, de renouveler son pacte social (1).

III.

De la participation du peuple à la confection des lois.

Demande. De quelle manière le peuple fait-il des lois?

Réponse. Il les fait, ou par lui-même, lorsqu'il se trouve circonscrit dans un petit état; ou par ses représentans, lorsque sa

______

(1) La circonstance actuelle n'est-elle pas de ce nombre ?

grande population s'oppose à sa réunion universelle.

D. Tous les membres d'un état ont-ils le droit de concourir à la confection des lois?

R. Tous sans exception. La puissance législative qui est l'exercice immédiat de la souveraineté du peuple, est indivisible; elle ne peut être le partage d'une classe particulière; elle repose sur tous : sans cela, les lois ne seraient que l'expression de quelques volontés individuelles, ce qui détruirait nécessairement leur force, et les rendrait illégitimes.

D. Comment le peuple tout entier concourt-il à la confection des lois?

R. Par sa participation à l'élection des représentans qui doivent les discuter et les établir en son nom.

D. La bonté des élections importe-t-elle beaucoup au peuple?

R. Tout dépend, pour le maintien de ses droits, de ce premier acte de sa puissance législative; c'est la base fondamentale de sa liberté ou de son asservissement, de son repos ou de son malheur. Il suffit de l'intrigue, de l'audace et de la perversité d'un seul ennemi du peuple, dans l'assemblée des représen-

(13)

tans, pour y semer le germe des doctrines les plus subversives de la liberté publique. Les exemples ne viennent que trop à l'appui de cette vérité.

D. Sur quoi est fondée la validité des élections du peuple?

R. Sur les formes qui en déterminent le mode. Si le peuple peut y être gêné par les efforts de l'intrigue, ou contrarié par une influence quelconque, elles sont mauvaises, et ses élections portent nécessairement un principe d'invalidité; elles ne peuvent être régulières qu'autant qu'il y procède avec une indépendance absolue; et c'est là peut-être encore un secret à trouver (1).

____

(1) J'ai lu un ouvrage qui vient de paraître, sous le titre : *de la Sauvegarde des peuples contre les abus du pouvoir* , par M. Garros, ingénieur. Cet écrit, qui a pour but de ramener aux principes du droit naturel sur lesquels doit être fondée une constitution stable et libérale, m'a paru renfermer un excellent système d'élections; l'auteur, pour en écarter entièrement toute intrigue, le fonde sur les combinaisons des listes préparatoires, et du sort, dirigé par un grand conseil de hauts électeurs, à la nomination du peuple. Cette institution vraiment neuve et digne d'être méditée, me paraîtrait propre à devenir le vrai *palladium* de la constitution et des lois.

D. Le prince a-t-il le droit d'intervenir dans les élections?

R. Toute intervention du prince ou de ses agens doit être bannie des assemblées des citoyens appelés à nommer leurs représentans ; et quel motif autre que celui de contraindre leurs vœux, ou de les diriger dans le sens de ses intérêts, pourrait engager le chef du gouvernement à s'investir d'un droit quelconque dans cette circonstance si importante ? L'évidence de ce dessein est déjà un attentat contre les principes de la liberté publique, son exécution en serait le renversement.

D. Le peuple doit donc rester le maître d'exécuter par lui-même toutes les formes établies pour la validité de ses élections ?

R. Absolument. Lui seul peut avoir le droit de choisir dans son sein les citoyens qui doivent le présider, ainsi que tous les autres fonctionnaires chargés de concourir à la régularité de ses opérations ; lui seul a, par son président, la police des assemblées. La constitution de 1791 avait admirablement pourvu à l'indépendance du peuple dans cette circonstance décisive, pourquoi s'en est-on écarté ?

D. Les suffrages du peuple dans le choix de ses représentans peuvent-ils être bornés à des localités particulières ?

R. Ils ne peuvent l'être que par les limites de son territoire ; par-tout ou il y-a de vrais citoyens ayant les qualités requises par la loi, il peut les revêtir indifféremment de sa confiance. La collection d'un peuple libre forme une grande famille dont les individus ne peuvent être séparés par les démarcations fictives du territoire national.

D. N'y aurait-il pas néanmoins quelque danger dans le choix qu'il ferait des agens principaux du prince ?

R. Plus un peuple sera jaloux de sa liberté, moins il en confiera le dépôt à des agens immédiats du trône. Si les fonctions législatives sont jugées compatibles avec celles de ministres et d'officiers du prince, il se gardera bien de donner dans ce piège et d'élever au rang de représentans des hommes qui peuvent balancer un instant entre les prestiges de la faveur, et le rôle sévère de défenseur de la liberté publique ; entre ce qu'ils doivent au prince, et ce que la patrie a droit d'attendre de leur dévouement ; entre les convenances de leur position ministerielle et leurs nouveaux engagemens comme représentans.

En général, les citoyens les plus indépendans, soit par leur caractère, soit par leur situation sociale ; les amis les plus sincères et les plus éclairés de la patrie ; les hommes qui ont donné des gages de leur amour de la liberté, de leur dévouement aux lois de l'honneur, de leur intégrité dans les fonctions publiques, de leur constance dans des opinions généreuses et libérales, de leur haine contre l'oppression et l'injustice, de leurs talens dirigés vers l'utilité publique ; dans quelque rang, dans quelque condition de la société qu'ils se trouvent : voilà les individus que le peuple appellera à siéger dans la représentation nationale ; tandis qu'il en écartera avec soin les ames vénales et corrompues, les hommes qui s'agitent dans l'intrigue et la bassesse, les esprits turbulens et factieux, les égoïstes, les mauvais citoyens en un mot, dont la seule présence dans le sanctuaire de la puissance législative, serait un outrage à la dignité du peuple et le gage certain de la violation de ses droits.

IV.

IV.

Des représentans du peuple.

D. Quand les représentans du peuple sont nommés et reconnus, quel est leur caractère ?

R. Le plus noble , le plus honorable et en même temps le plus sacré auquel il soit possible à l'homme de prétendre. La puissance législative du peuple passe toute entière en eux, et ils en administrent les droits comme il le ferait lui-même , s'il n'était pas représenté.

D. A quoi les oblige ce caractère ?

R. A se mettre parfaitement à la place du peuple qu'ils représentent ; à se bien pénétrer de ses droits , de ses besoins et de sa volonté ; à le défendre avec courage contre ses oppresseurs quels qu'ils soient , et à n'avoir égard dans toutes les occasions qu'au maintien de sa liberté.

D. Quand est-ce que les représentans du peuple perdent la dignité de leur caractère et trahissent leurs devoirs ?

R. Lorsqu'ils deviennent les complices des abus du pouvoir ; qu'ils se laissent par faiblesse, par ignorance , enlacer dans ses pièges (1), ou qu'ils immolent à des considérations particulières les grands intérêts dont ils sont chargés.

D. Quels sont alors les dangers du peuple?

R. Tout est perdu pour sa liberté, lorsque ses mandataires immédiats trahissent ainsi leurs engagemens. Il n'est pas d'état qui puisse tenir contre cette conjuration monstrueuse. C'est elle qui amène les révolutions, parce

---

(1) Combien les séductions qui les attendent dans leur carrière sont puissantes! Qu'il faut de patriotisme et de vertu pour les défier ou pour les éviter! Que trouvent-ils, en arrivant sur le théâtre de leur mission? Des ministres qui les accueillent et les reçoivent à des tables splendides ; toutes les portes des administrations leur sont ouvertes ; ils peuvent y solliciter, pour eux, pour leurs enfans ou leurs amis, toutes les graces qui leur passent par la tête ; et ils les obtiennent. Témoins, peut-être pour la première fois, de l'appareil du trône, ils en sont éblouis. La moindre parole de bienveillance de la part du prince les comble, les enivre ; bientôt, s'ils montrent des talens qui leur donnent de l'influence, les caresses redoublent ; on les circonvient de toutes les manières possibles ; on les enlève à eux-mêmes pour les écarter de la ligne de leurs devoirs et les précipiter dans les pièges où leur défection s'achève avec d'autant plus de facilité qu'elle a été préparée avec plus d'art.

que le peuple, fatigué de l'oppression qui en résulte, se ressaisit enfin de sa puissance prostituée aux caprices du pouvoir, et brise souvent avec éclat tous les dépositaires infidèles de sa confiance.

D. Quels sont les droits des représentans du peuple dans l'exercice de leurs fonctions ?

R. D'être absolument libres dans l'émission de leurs votes, et dans la manière de les émettre ; de n'avoir à répondre à personne de la liberté de leurs propos et de leurs opinions ; de reposer, même pour leurs actions civiles, à l'ombre d'une inviolabilité sacrée ; de ne dépendre, pour la nomination de leur président et pour la durée de ses fonctions, que de leur propre volonté, sans l'intervention ni l'approbation d'aucune volonté étrangère ; de voter sur tous les objets qui intéressent les droits et la liberté du peuple, l'emploi de ses forces et de sa fortune, sur les actes qui le constituent en paix ou en guerre avec les nations étrangères, sur l'administration de la justice ; d'appeler tout fonctionnaire pour en obtenir les renseignemens dont ils croiront avoir besoin pour éclairer leurs opinions ; de ne point souffrir que des agens du pouvoir prennent part dans leur sein à leurs discussions; de requérir, sur tout acte ministériel rendu public, ces mêmes agens de donner l'explication des motifs qui les ont engagés à signer cet acte; de publier, dans tous les cas et à leur volonté, les divers sujets de leurs délibérations; de poursuivre et de mettre en accusation les ministres prévaricateurs, en suivant les formes les plus propres à satisfaire promptement aux droits de la justice nationale outragée; d'entendre et de recevoir les plaintes individuelles; en un mot de jouir, dans toutes leurs attributions, de cette indépendance et de cette liberté indéfinies qui doivent leur appartenir en qualité de mandataires immédiats du peuple *duquel émanent tous les pouvoirs.*

D. Quand est-ce que les droits de la liberté du peuple sont violés dans ses représentans?

R. Toutes les fois que, dans l'exercice de la puissance qui leur est déleguée, ils se trouvent soumis à des dispositions qui les subordonnent à la volonté arbitraire, aux prétentions du pouvoir qui en émane, ou à une influence qui gène et contrarie leurs délibérations.

D. Donnez quelques exemples de cette étrange subordination.

R. Lorsque, par exemple, ils doivent attendre, pour être légalement constitués, que
celui d'entr'eux qu'ils ont élevé à la prési-
dence soit revêtu de l'approbation du prince.
Ce qui peut dans bien des cas les réduire à
une inaction complète ; car s'il arrivait que
leur choix ne tombât pas d'abord sur celui
qu'il conviendrait au prince de voir à cette
place, il n'y a pas de raison pour que tout
le temps de leur session s'écoulât avant qu'ils
fussent en état de s'occuper de leur mission,
faute d'être légalement constitués par l'in-
stallation de leur président.

Lorsqu'ils sont forcés de reconnaître pour
tout le temps de leur session ce même président, plutôt du choix du prince que du
leur, malgré les justes sujets de plainte qu'ils
pourraient avoir contre sa manière de diriger les délibérations.

Lorsque le prince peut, par sa seule volonté, les dissoudre : car à quoi sert au peuple de choisir les citoyens qu'il juge dignes
de sa confiance, pour concourir en son nom
à la confection des lois, si ses délégués peuvent être dépouillés, par une autorité qui lui
est subordonnée, des pouvoirs qu'ils tien-
nent de sa puissance souveraine ?

Lorsqu'on peut à tout instant faire siéger parmi eux des hommes qui, sans mission de la part du peuple, et n'ayant d'autre caractère que celui d'être les ministres et les conseillers du prince, peuvent prendre part à leurs déliberations, et exercer sur eux une influence dangereuse.

Lorsqu'il n'y a point de règles fixes pour leur convocation, et qu'ils peuvent être indéfiniment prorogés par l'autorité du prince. Ce qui expose le peuple à être sans représentation au gré des intérêts du pouvoir, et dans le cas où ses propres intérêts l'exigeraient peut-être le plus.

Lorsqu'on va jusqu'à leur interdire la faculté de lire dans leur propre assemblée des discours écrits, hormis certains cas positivement exprimés; interdiction absurde, qui suppose dans tous les représentans du peuple une facilité et une clarté d'énonciation qu'ils ne peuvent pas avoir au même degré, et qui peut souvent les forcer au silence par le seul effet de l'amour propre ou de la timidité.

Lorsque, dans les pétitions qui leur sont adressées, il faut oublier que c'est aux représentans de la puissance souveraine que l'on parle, pour adresser l'hommage d'une réclamation à la puissance qui ne porte le sceptre que pour les intérêts du peuple.

Lorsqu'enfin ils sont contraints de se régler sur les dispositions d'un pacte social dont les stipulations n'ont été ni proposées , ni discutées , ni régulièrement adoptées par le peuple , et dont l'application peut , par cela seul , les mettre en opposition constante avec ses droits et sa volonté.

D. N'y a-t-il pas des considérations politiques qui peuvent justifier toutes ces atteintes portées à la souveraineté du peuple dans la personne de ses représentans ?

R. La plus haute considération politique serait , à mon avis , que jamais les droits de la puissance *pour qui les trônes sont faits,* ne pussent être blessés , que tout fut établi dans le plan de ces droits , et combiné avec eux. Les plus grands intérêts se rattachent à la longue aux condescendances obtenues à la faveur de quelques circonstances d'un moment. Celles - ci passent , et les violations restent ; leur action devient de jour en jour plus dangereuse par les progrès du despotisme qu'elles favorisent ; et delà , cette lutte continuelle, ces froissemens des pouvoirs qui précipitent dans les exagérations , ou de la tyrannie qui prend ses mesures pour consolider sa puissance usurpée, ou de l'anarchie populaire qui abuse avec excès des droits du peuple reconquis ; deux maux affreux qu'une constitution pleinement libérale pourrait prévenir, et qu'elle ne prévient presque jamais ; tant les passions ou de vains intérêts influent sur ce qu'il y a de plus sacré parmi les hommes !

V.

Des pouvoirs admis avec le peuple à la confection de ses lois.

Demande. Ne semble-t-il pas que la seule représentation du peuple, unique dépositaire de la puissance législative, devrait suffire avec le consentement du prince, pour la confection des lois ?

Réponse. C'est la conséquence qui se présente naturellement. Mais, parmi les combinaisons modernes du pouvoir démocratique avec les institutions monarchiques, il s'en trouve une dont l'heureuse expérience chez un peuple voisin semble confirmer la bonté, et qui paraît devoir devenir la base de toutes les constitutions des peuples : elle consiste en ce que le pouvoir législatif est exercé concurremment par le *prince* ; par une assemblée qu'on nomme *chambre des pairs* et par les mandataires du peuple , dont la réunion s'appelle *chambre des représentans.*

D. Cette division de la puissance législative est-elle bien exacte dans l'ordre qu'elle établit entre les pouvoirs ?

R. Elle renverse l'état naturel des choses , en ce qu'elle présente au premier rang le prince qui est une émanation de la souveraineté du peuple ; au second , la chambre des pairs qui est une émanation du pouvoir du prince , et au dernier , la chambre des représentans qui est la dépositaire immédiate de la puissance nationale.

D. Quelle est l'origine de cette étrange classification ?

R. Elle a pris naissance en Angleterre au moment où les idées de féodalité existaient encore dans toute leur force. Le roi y a conservé le premier rang par une conséquence des prérogatives absolues attachées alors à la dignité royale ; la chambre des pairs s'y est maintenue dans le second , par une autre conséquence des droits attachés à l'ordre de

la noblesse (1), et la chambre des représentans qui est restée au troisième, y porte encore dans sa dénomination de *chambre des
communes*, l'empreinte des idées que l'on at-
tachait alors à ce qu'on appelait *le tiers-état*.

D. N'est-il pas singulier que l'on s'obstine
à maintenir un ordre si contradictoire avec
les droits du peuple et avec la série naturelle
des pouvoirs?

R. L'imitation des formes anglaises, en
cela , est d'autant plus étonnante, que tous
les motifs qui les avaient fait prévaloir en
Angleterre, n'existent plus. Il est pénible de
penser que le même jour où l'on pouvait dé-
sirer et conquérir la liberté, où l'on pouvait sortir en quelqu esorte du chaos , une
constitution régulière à la main , on ait laissé
subsister à côté de ce beau monument de nos
lumières et de notre civilisation , les colonnes
d'un édifice tombé en ruines.

---

(1) En lisant l'Histoire d'Angleterre, on voit en effet
que ce furent les seigneurs anglais qui firent souscrire à
Jean Sans-Terre cette fameuse grande charte, où ils
statuèrent pour eux, plus encore que pour le peuple,
et qu'appelés dès ce moment à partager la puissance
législative avec le roi, ils restèrent eux et leurs héri-
tiers constamment indépendans de la couronne.

D. Quelle devrait donc être la classification rigoureuse des trois pouvoirs qui constituent la puissance législative ?

R. La même que celle qui est déterminée
par leurs rapports nécessaires et respectifs.
Ainsi, la représentation nationale passerait
du dernier rang au premier, le prince, du
premier au second, et la chambre des pairs,
du second au troisième.

D. Cet ordre naturel n'est-il pas encore
renversé par les attributions qui délèguent
au prince l'initiative des lois ; c'est-à-dire
la faculté de les proposer à volonté ?

R. Il ne paraît pas juste que ce soit la seconde puissance législative qui puisse proposer les stipulations du peuple avec elle.
C'est encore là un renversement des conséquences naturelles de la souveraineté nationale qu'il n'est pas possible de soutenir. Ce
système ne peut être justifié que par l'idée :
que le prince, en qualité de puissance exé-
cutive, étant plus à portée de connaître les
besoins du peuple et les améliorations dont
l'état est susceptible, l'initiative ou la proposition des lois doit lui appartenir : mais
combien de raisons se joignent pour le combattre à la violation des droits du peuple

qu'il comporte déjà d'une manière si évidente ? « Qu'on se rappelle, dit un célèbre pu-
« bliciste anglais (1), que la personne qui est
« chargée du dépôt du pouvoir exécutif,
« réunit en elle toute la force et toute la ma-
« jesté publique ; qu'on se représente le grand
« et unique magistrat de la nation, poursui-
« vant la sanction des lois qu'il aurait propo-
« sées , avec la vivacité de ses intérêts , qui
« sont toujours si grands, avec la chaleur de
« l'orgueil monarchique qui ne veut point
« essuyer de refus, et en déployant toute
« l'immensité de ses ressources ; et l'on verra
« si l'initiative des lois peut être remise dans
« ses mains sans danger pour la liberté pu-
« blique ! »

D. Mais enfin, si, par une concession mal-
entendue, on admet que le prince puisse avoir
la proposition des lois ; de quelle manière
du moins devrait-il exercer cette faculté ?

R. Comme les abus dans cette partie de
l'organisation politique d'un état sont de la
plus haute importance , et que l'introduction
de lois destructives de la liberté publique
est le plus grand des malheurs, en ce qu'elle

____

(1) Delolme, dans sa Constitution d'Angleterre.

consacre en quelque sorte la tyrannie ; on ne saurait prendre trop de précautions pour limiter l'influence du prince dans cette circonstance. *La proposition des lois* devrait donc se borner à l'action pure et simple que présente le mot qui renferme cette attribution. Leur rédaction, avec les motifs qui en déterminent la nécessité, seraient portés à la chambre des représentans, et là cesseraient absolument tous les rapports du prince ou de ses agens avec la magistrature législative qu'il exerce ; la discussion des lois proposées se ferait hors de toute intervention ministérielle ; de sorte que leur adoption, si elle avait lieu, serait uniquement l'ouvrage de la représentation nationale et non l'effet d'une discussion solemnellement débattue, et motivée au nom du prince, par ses ministres ou par ses conseillers.

D. Que pensez-vous de l'existence politique de la *chambre des pairs*, de son action sur la puissance législative et du privilége de ses membres ?

R. La chambre des pairs, considerée comme émanation du prince, n'est et ne peut-être, comme nous l'avons dit, qu'en troisième ligne dans l'état. Ses membres sont-ils repré-

sentans du peuple ? Qui les aurait constitués
tels ? Où est le titre de leur élection ? Qui les
a chargés de manifester la volonté nationale ?
Cependant on voit qu'ils exercent réellement
les fonctions de législateurs , puisqu'ils sont
appelés à délibérer et à voter sur les lois.
Cette contradiction , entre leur caractère et
leur mission, est inexplicable, et on est re-
duit à ne savoir d'abord ce qu'ils sont véritablement.

On est bien plus embarrassé encore à s'expliquer la singularité de leur position , lorsqu'on voit que ces magistrats qui n'ont point
leur source dans la souveraineté du peuple ,
se trouvent placés hors de la ligne de l'égalité
universelle ; seuls, après le prince , revêtus
de titres honorifiques qu'ils transmettent par
l'hérédité à leurs enfans , et jouissant du privilége exclusif de ne pouvoir être jugés en
matière criminelle et correctionnelle, que par
leur propre chambre. Toutes ces dispositions,
il faut l'avouer, sont bien étranges au milieu
d'un peuple qui travaille à fonder sa liberté,
et qui veut l'asseoir sur les bases éternelles
de ses droits. Je doute qu'elles survivent long-
temps aux lumières qui les proscrivent , et
à l'égalité civile qu'elles outragent.

D. Cette institution ne présente-t-elle pas du moins des avantages sous les rapports d'une meilleure confection des lois ?

R. Qu'elle soit maintenue en faveur de ce grand motif; à la bonne heure. Les lois passées au creuset d'une seconde discussion, et par un corps de magistrats vieillis dans l'expérience, éprouvés par leurs services et par leur dévouement à la liberté publique, n'en peuvent être que meilleures. Qu'elle le soit encore, si l'on veut, pour ajouter à la dignité du trône : mais qu'elle soit en même temps réglée sur les institutions antérieures et inaltérables de l'égalité sous lesquelles tout doit plier chez un peuple libre, dont l'opinion repousse toute distinction autre que celle qui est méritée par des services rendus à l'état.

D. De quelle manière la chambre des pairs devrait-elle donc être instituée, si on voulait la fonder sur ces bases ?

R. Toute transaction avec les principes serait hors de saison en parlant de droits du peuple. Si on pose en fait que la chambre des pairs est une des puissances législatives, il s'ensuit évidemment qu'elle devrait être une création nécessaire du peuple en qui seul

réside toute puissance souveraine législative.
Mais comme par des considérations d'utilité
publique , la qualité de pairs devrait être en
même temps une *récompense à vie* des services rendus à l'état , et que le prince est plus
à portée que tous les autres citoyens, de connaître quels sont les individus qui ont bien
mérité de leur patrie; il s'ensuivrait que le
peuple serait tenu de nommer ses représentans à la chambre des pairs sur une liste pre-
sentée par lui, au nombre de deux par chaque département. Le remplacement de ceux
qui décéderaient serait opéré par le même
mode d'élection. Ils devraient être âgés de
40 ans au moins·, et quant à leurs droits , ils
seraient les mêmes que ceux des membres
de la chambre des représentans avec lesquels
ils se trouveraient dès-lors identifiés par l'authenticité de leur caractère , et par l'objet de
leur mission. Ce ne sont ici que des bases :
les conséquences qui résultent des droits du
peuple pourraient en fournir le développe-
ment.

VI.

VI.

Des Droits et des Devoirs du Peuple.

Et 1.° des Droits du Peuple et des lois qui leur sont contraires.

Demande. Vous avez dit précédemment que de bonnes lois devaient d'abord statuer sur les droits du peuple ; quelle est la raison de ce principe ?

Réponse. Parce qu'avant de céder une portion de ses droits, pour les déposer dans le code commun de son organisation sociale, il est naturel que le peuple stipule d'abord sur ceux qu'il entend se réserver, et dont la possession doit lui être incontestablement garantie.

D. Quels sont ces droits pour la conservation desquels le peuple doit d'abord stipuler?

R. Les voici : 1.° Que tous les individus dont il se compose, jouiront d'une égalité politique et civile qui les rende indistinctement admissibles aux divers emplois de l'état, et par conséquent aux distinctions et aux récompenses nationales.

2.° Qu'ils seront tous égaux devant la loi, et que nul ne pourra jamais, sous aucun prétexte, être distrait des juges qu'elle lui assigne.

3.º Que, hors les cas prévus par la loi, l'inviolabilité des personnes, des propriétés et des asiles sera respectée, et à l'abri de toute atteinte.

4.º Que la contribution des impôts et des charges de l'état ne pourra jamais être déterminée et levée qu'en vertu d'une loi.

5.º Que le droit de publier librement ses pensées, sadf la responsabilité légale après leur publication, ainsi que la liberté des cultes et des consciences seront garantis à tous.

6.º Qu'enfiu, contre les atteintes à tous ces droits, chaque citoyen aura la faculté de les dénoncer par des pétitions, soit à la chambre des représentans, soit au prince, soit à la chambre des pairs.

D. Suffit-il pour assurer le maintien de ces droits qu'ils soient solennellement reconnus et inscrits sur le pacte social d'un peuple?

R. Non ; il faut encore que toutes les lois soient établies en conformité de leurs dispositions, et qu'elles ne laissent aucun moyen à l'arbitraire ou à l'injustice de les violer.

D. Quand est-ce que *l'égalité politique et civile* des citoyens est évidemment violée?

R. Toutes les fois que la loi autorise ou constitue une classe quelconque d'individus,

jouissant de titres honorifiques , et de privi-
léges héréditaires qui la rendent exclusivement admissible à certains emplois de l'état.
L'orgueil et l'ambition peuvent bien trouver
des apologistes de cette violation : mais, à côté
des droits du peuple qui établissent le principe de l'égalité commune et universelle,
c'est une contradiction monstreuse qui ne
peut subsister. Il faut l'anéantir, ou effacer
du code politique du peuple l'expression de
sa prérogative la plus sacrée et la plus incontestable.

, *D.* Confondez - vous avec cette violation
manifeste les institutions qui accordent *des
distinctions* et *des titres* aux citoyens qui
ont bien mérité de leur patrie ?

R. Tant s'en faut : plus un état au contraire aura de moyens de récompenser les services rendus à la patrie, pourvu que les récompenses ne soient point transmissibles ,
plus il fortifiera dans les individus les principes d'honneur, de patriotisme et de dévouement, si nécessaires au maintien de la gloire
nationale. Ces distinctions individuelles, pa-
trimoine de tous les citoyens, et uniquement
destinées au mérite, sans que les hasards de
la naissance puissent les appeler sur la tête

d'un individu qui n'a rien fait pour les méri-
ter, et souvent indigne de les posséder, loin
de blesser les droits du peuple, en sont au
contraire le plus beau privilége; elles ne lui
sont jamais odieuses, parce que le peuple
participe toujours avec satisfaction à la gloire
des citoyens sortis de son rang, et se plaît
à les voir récompensés. Les signes de l'honneur suspendus aux vêtemens grossiers d'un
guerrier ou d'un magistrat, qui doivent leur
décoration à leurs vertus généreuses, sont d'un
bien plus grand prix à ses yeux, que les li-
vrées honorifiques des classes privilégiées,
qui n'ont à produire d'autre titre que celui de
leur naissance, titre bien plus souvent accu-
sateur de leur insuffisance ou de leur indi-
gnité, que monument irrécusable de leur
vaine prérogative.

D. Quand est-ce que les citoyens cessent
d'être *égaux devant la loi ?*

R. Lorsqu'elle établit pour les délits, en
matière criminelle ou civile, des tribunaux
particuliers en faveur de telle ou telle classe de
citoyens ; lorsqu'on peut arbitrairement les
distraire de leurs juges naturels et les livrer à
des commissions extraordinaires ou spéciales.
Lorsque le fardeau des impositions et des

(37)

charges publiques tombe inégalement sur eux,
et n'est point réparti suivant les proportions
naturelles des facultés individuelles. Lorsqu'enfin les lois présentent, par leur incohé-
rence et par leur complication, une ambi-
guïté tellement perfide, qu'elles laissent aux
dépositaires du pouvoir les moyens de les
faire taire devant le crédit opulent, et d'en
accabler la faiblesse pauvre et obscure. Une
législation qui se composerait de ces élémens,
non seulement serait un attentat permanent
contre les droits du peuple, mais un monument qu'il faudrait se hâter de briser pour
effacer le déshonneur qu'il imprime à la nation qui le souffre.

*D. Et la liberté individuelle, la sûreté des
propriétés*, comment peut-elle être blessée?

R. Lorsqu'après avoir posé dans le pacte
social que nul ne pourrait être poursuivi,
arrêté, ni détenu que dans les cas prévus et
suivant les formes prescrites, la loi ne spécifie
pas le délai fixe dans lequel le procès d'un
prisonnier doit s'instruire, et qu'elle n'offre
aucune garantie que les formes bonnes ou
mauvaises seront observées. Lorsque la maison d'un citoyen n'est point un asile inaccessi-
ble aux atteintes d'un injuste pouvoir. Lorsque

les mots odieux de *séquestre* et de *confiscation* flétrissent encore les pages des lois criminelles (1). Lorsque les acquisitions, faites au nom de la loi, ne sont pas invariablement garanties, et peuvent donner lieu à des prétentions vexatoires : comme si elles formaient une classe de propriétés à part, sur laquelle on peut établir un droit particulier quelconque !

D. Et la garantie relative à *l'impôt général*, de quelle manière peut-elle devenir abusive ?

R. Quand la loi, qui détermine que l'impôt général devra être voté chaque année par les deux chambres législatives, n'est pas elle-même garantie par une autre loi qui fixe une convocation annuelle de ces chambres. Que deviendra-t-elle par exemple, dans le cas d'une prorogation du corps législatif dont

---

(1) Le *séquestre* précède le jugement ; il est donc une violation manifeste de cette règle de droit et d'équité, qu'il n'appartient qu'aux tribunaux d'infliger une peine. Quant à la *confiscation*, elle fait presque toujours peser sur un innocent la faute qu'on cherche à punir, et le cœur comme la raison répugnent à ne pas croire que les délits sont personnels.

le terme peut être indéfini? le peuple n'aura-
t-il point à craindre de se voir indéfiuiment
surchargé d'un impôt qui, dans son principe,
avait pu être juste et nécessaire ; mais qui,
par sa prolongation, deviendrait un acte arbitraire et illégal? Ce raisonnement prouve ce
que nous avons déjà dit, que pour assurer
les droits du peuple, tout doit se coordonuer
dans les lois établies pour les garantir.

D. Le droit incontestable de *publier librement sa pensée* ne peut-il pas également
devenir illusoire ?

R. Il le sera toujours, tant qu'il sera considéré par les dépositaires du pouvoir, plutôt comme un privilége et une concession
que comme un droit. Malheureusement cette
pensée a régné et régnera peut-être long-temps
encore dans l'esprit des gouvernans. Delà
ces entraves, ces restrictions dont on l'a
toujours entouré et dont les atteintes tantôt
générales, tantôt partielles, tendent insen-
siblement à le rendre illusoire. Rendons grâ-
ces aux nouvelles lois d'avoir rétabli ce droit
dans toute son étendue, et avec les justes précautions qui en dévouent les coupables abus
à la justice des tribunaux, et souhaitons que
jamais le monstre de la censure préalable ne

vienne en flétrir les nobles et utiles applications.

Quant à la *liberté des cultes*, droit sacré que les progrès de la civilisation et la trop longue expérience des effets de l'intolérance religieuse devaient enfin restituer au peuple; il faut l'avouer, son empire sera difficile à établir, tant qu'une religion admise à le partager conservera des institutions et une doctrine qui la rendent essentiellement intolérante et dominatrice. Espérons qu'une législation sage, déduite du principe qui consacre ce droit, fera disparaître les prétentions qui le rendraient illusoire. Il n'existe pas heureusement de lois qui le contrarient, mais il en manque qui le consolident et l'affermissent. Le temps en démontrera infailliblement la nécessité; on peut s'en reposer sur l'ambition et sur la turbulence inquiète des partisans des doctrines intolérantes.

D. Enfin, ne trouvez-vous pas que le *droit de pétition*, cette sauve-garde si nécessaire des individus contre toutes sortes d'oppressions, ce recours si naturel du besoin et de l'infortune à l'autorité bienfaisante et protectrice, peut être lui-même contrarié par une législation insuffisante ?

R. Oui, et c'est 1.°, lorsque ce droit ne peut pas être constamment et dans toutes les circonstances, exercé vis-à-vis de l'autorité qui, seule, pourrait être juge de l'objet de la pétition. N'est-il pas possible par exemple, que des ministres ou autres agens du pouvoir attaquent la liberté individuelle des citoyens, ou entravent la liberté de la presse, malgré les garanties de la loi? mais si cela arrive, à quelle autorité pourra-t-on recourir en l'absence des corps législatifs qui a fait cesser toute commission de pétitions, pour obtenir la prompte répression de cet abus de pouvoir? Ne pourrait-il pas arriver, qu'un homme injustement incarcéré le lendemain de l'ajournement des chambres, courrait le risque de supporter jusqu'à l'époque de la nouvelle session une détention arbitraire, faute de pouvoir faire entendre ses plaintes à une autorité assez puissante pour lui faire rendre justice? l'insuffisance de la loi sur l'exercice plein et absolu du droit de pétition est donc ici bien évidente.

2.° Elle l'est encore, lorsqu'elle ne présente pas au peuple la certitude qu'une pétition qui en appellerait à la responsabilité des agens du pouvoir, ne ferait pas peser sur eux la prompte et infaillible répression des attentats dénoncés ; ou, ce qui serait bien plus outrageant encore, lorsque leur impunité en serait l'unique résultat. Le droit de pétition dans tous ces cas, serait une dérision insultante ajoutée à la plus criminelle des violations ; il ne faut point en parler dans un pays où le droit monstrueux d'oppression prévaudrait sur celui de la plainte ; où des misérables qui auraient trahi les intérêts du peuple, cherché à lui forger des fers, compromis la sûreté, l'honneur et le repos des citoyens, vendu la justice à prix d'argent, élevé leur fortune sur les ruines de la fortune publique, pourraient à l'ombre même des lois, soutenus par leur crédit et par leurs richesses, braver les réclamations de l'opprimé, et insulter par leur impunité à son inutile courage.

2.º

Des devoirs du peuple et des dispositions qui leur sont contraires.

Demande. L'établissement des lois, quelque parfaites qu'elles soient, suffit-il au maintien de la liberté publique ?

Réponse. On l'a dit cent fois, et on ne saurait trop le répéter : *les lois , sans l'appui des mœurs , sont insuffisantes pour le bonheur et la sûreté des peuples.*

D. Cette maxime est-elle applicable à tous les gouvernemens ?

R. A tous : parce que par-tout il est nécessaire que les citoyens fassent à leur patrie le sacrifice d'une partie de leurs intérêts individuels , de même qu'ils ont fait le sacrifice d'une portion de leurs droits naturels pour établir le règne des lois.

D. Quel est donc le sentiment ou le principe qui renferme tous les devoirs du peuple?

R. C'est *l'amour de la patrie.*

D. Ce sentiment a-t'il quelque fondement sur le cœur de l'homme ?

R. C'est celui, de tous les amours honnêtes, qui le pénètre avec le plus de satisfaction , et qui l'élève aux pensées le plus généreuses. Il a été posé dans le cœur de l'homme par l'auteur de la nature , pour la conservation des grandes sociétés , comme l'amour filial l'a été pour le soutien des familles. Il est fondé, comme celui-ci , sur ce qu'il y a de plus respectable et de plus sacré : sur les droits imprescriptibles que la patrie a sur tous ses enfans ; sur la reconnaissance que l'on doit aux lieux où l'on a reçu la vie, et qui recèlent les tombeaux de nos pères, où de sages institutions ont perfectionné notre raison , où les mêmes lois veillent à la sûreté commune, où nous avons contracté des liens et des habitudes toujours chères à nos cœurs, où nous avons connu les plus douces et les plus touchantes émotions de la nature, où nous espérons laisser des souvenirs et des regrèts après notre mort ; et enfin sur le serment formel ou tacite que nous avons tous fait de reconnaître la patrie pour notre mère commune et de payer ses bienfaits de toutes nos affections.

D. Est-il possible à l'homme d'étouffer ce sentiment ?

R. Comme il y a des enfans assez malheureux pour méconnaître l'amour filial, il y a aussi des enfans de la patrie assez dénaturés pour briser tous les liens qui l'unissent à elle. Mais on n'outrage pas impunément les lois éternelles et sacrées de la nature. Le vil égoïste, pour qui la patrie n'est rien , en est puni par le déssèchement de son propre cœur, et par le mépris qu'il inspire. Celui même qui l'a abandonnée par des motifs d'intérêt, souffre tôt ou tard du sacrifice qu'il a fait à son ambition. Souvent, inquiet et tourmenté par le besoin impérieux de revoir tout ce qu'il a quitté, il ne peut résister à l'ennui qui le poursuit et le consume; rien ne le dédommage des plaisirs et des douceurs que son imagination lui retrace, et si la fortune lui sourit, elle n'a de prix à ses yeux que parce qu'elle peut lui fournir les moyens de goûter un jour avec plus d'avantage, le bonheur de se retrouver sous le toit paternel, et au milieu des cités et des campagnes qui embellissent les lieux de sa naissance.

D. Que dire donc de ceux qui la trahissent ou qui l'abandonnent par des motifs de haine ou de vengeance?

R. Rien n'égale peut-être les remords, la honte et les chagrins qui les suivent dans leur lâche désertion. Une malédiction inévitable semble s'attacher aux citoyens ingrats qui méconnaissent et trahissent leur patrie. Errans, proscrits, fugitifs, ils portent par-tout la honte et le châtiment de leur lâcheté. Le mépris des nations étrangères les environne. On craint de donner un asile à ceux qui ont eu la force de briser les nœuds qui les attachaient à leur pays. On peut bien se servir de leurs moyens et de leur bras : mais ce service momentané que l'on tire d'eux, prouve la mésestime qu'ils inspirent, et ne les arrache pas à l'ignominie qui les attend : bientôt, on les brise comme des instrumens dangereux dont on redoute un plus long service. On croit avec raison qu'il ne peut rien exister de sacré pour ceux qui ont foulé aux pieds les premières lois de la nature ; qu'il n'est pas de territoire respectable pour ceux qui ont trahi leur propre patrie , et ils finissent par être odieux et suspects à tous les hommes, à tous les pays de la terre.

D. Qu'est-ce qu'aimer la patrie ?

R. C'est faire tous ses efforts pour qu'elle soit redoutable au dehors, et tranquille au dedans.

Moyens de rendre la patrie redoutable au dehors.

Demande. Par quels moyens la patrie est-elle redoutable au dehors ?

Réponse. Par l'union des citoyens , et par leur dévouement dans ses dangers : il en existe beaucoup d'autres ; mais nous nous bornerons à ceux-ci.

Union des citoyens.

Demande. Quelle est la première force d'un état ?

Réponse. C'est l'union des citoyens, c'est-à-dire ce concours unanime d'opinions et de sentimens tous dirigés vers l'honneur , la gloire et l'indépendance de leur patrie : on l'appelle généralement *esprit national;* conservons lui le nom de *patriotisme* , en ce qu'il précise davantage le but qui l'inspire , et appelons *patriotes* ceux qui en suivent les nobles élans.

D. Comment cette disposition constitue-t-elle la force d'un état ?

R. En ce qu'elle ne présente aux ennemis de la patrie aucun moyen de faire parmi les citoyens une diversion favorable à leurs intérêts, de fomenter dans leur sein des partis , de détacher de la cause sacrée de la patrie ceux qu'elle réunit sous ses bannières , et qu'elle forme de leur ensemble une barrière inattaquable et invincible.

D. Et si malheureusement il y a des partis , quel sera le point de ralliement auquel devront se réunir les amis de la patrie ?

R. Le choix n'est ni difficile, ni douteux.

Par-tout où seront des partis soudoyés par l'étranger, ou servant ses projets, des hommes qui se proposent le renversement de la liberté publique, le rétablissement des institutions proscrites par le peuple, et fomentant des dissentions intérieures; là seront les ennemis de la patrie, et toute union des vrais citoyens avec eux serait criminelle. Mais là où régnera le noble enthousiasme de la liberté, sans aucune idolâtrie des noms ni des personnes, là où retentiront les cris de dévouement et de l'honneur national, les maximes libérales qui élèvent les ames, qui portent à la haine de la tyrannie et de l'oppression, qui rappellent à la concorde et au respect des lois, qui réveillent la noble fierté du peuple, qui l'excitent à la conservation de ses droits, de son indépendance et des institutions qu'il s'est données, qui font préférer la gloire et l'honneur de la patrie à tout : là, sont ses vrais amis, et c'est à eux que tous les cœurs honnêtes doivent se réunir.

D. La différence des opinions peut - elle jamais être un prétexte légitime de division parmi les citoyens, quand il s'agit des intérêts de la patrie ?

R. Il sera toujours impossible qu'il n'y ait point

point diversité d'opinions parmi les hommes ;
on en voit sur-tout l'effet dans les grands événemens politiques qui froissent nécessairement beaucoup d'intérêts , de passions et de
préjugés. Louons les citoyens qui dans ces
circonstances, malgré leur attachement à leurs
principes, ont le courage d'en faire le sacrifice aux intérêts de leur patrie, et respec-
tons d'autant plus leurs opinions, qu'ils ont
l'honorable mérite de n'en avoir pas écouté
les funestes conseils : mais vouons à un éternel déshonneur les hommes qui, ne se sou-
venant plus alors qu'ils ont une patrie, s'en
séparent violemment , considérent comme
leurs ennemis tous ceux qui lui sont restés
fidèles , se montrent insensibles à ses besoins
ou à ses alarmes , et donnent ainsi de l'audace et de la force aux partis qui en prépa-
rent le déchirement. Eh quoi ! des opinions,
des préjugés, des attachemens même à tel
ou tel gouvernement, peuvent-ils donc être
assez puissans sur le cœur de l'homme pour
lui faire oublier le premier, le plus impres-
criptible des devoirs, l'amour qu'il doit à
son pays ? Ne peut-on être citoyen avant
d'être prêtre , membre d'une ancienne caste,
ou partisan d'une opinion politique quelcon-

que? Et la préférence que l'on donne à des choses accidentelles, périssables, individuelles, sur ce qui est éternel, sacré, au-dessus de toute considération, peut-elle être autre chose que la preuve de la dégradation sociale la plus profonde où l'homme puisse tomber?

Dévouement dans les dangers de la patrie.

Demande. Comment les citoyens d'un peuple libre doivent-ils se considérer relativement à la sûreté extérieure de leur patrie?

Réponse. Comme des soldats en faction, toujours obligés de veiller pour elle et de voler à son secours au moindre danger.

D. Si ce principe est vrai, vous approuvez donc la *conscription militaire*, qui paraît en être l'application régulière et organisée, et que tant de répugnances proscrivent?

R. Les abus seuls que l'on a fait de cette institution, en la faisant servir à des projets d'ambition et de conquêtes nuisibles aux vrais intérêts de la patrie, ont pu faire douter de sa justice, la rendre même odieuse; mais ces préventions n'ôtent rien à la légitimité du principe qui la consacre; les lois en effaceraient

en vain le nom ; la nature en rétablirait l'o-
bligation et la nécessité. Il sera éternellement
vrai que les soins d'un intérêt qui est universel, doivent appartenir au zèle et au courage
de tous ; que dans une cause qui a pour objet
l'honneur et le salut public, il est juste que
tous les membres de la grande famille con-
courent à la soutenir et à la défendre ; que
tous les bras appartiennent à la patrie, et
qu'un individu ne peut légitimement reposer les siens, tandis que tous les autres tra-
vailleraient à la sûreté commune. Comment
avaient pu s'effacer du souvenir des hommes
ces belles législations des peuples libres de
l'antiquité, qui laissaient à chaque citoyen la
gloire de payer à son pays le tribut de ses services, le droit de défendre lui-même ses propres
foyers, et le bonheur de verser son sang pour
la patrie ? Comment qualifier les siècles qui
avaient laissé perdre cette institution, la première que les peuples réunis en société durent
établir, la plus équitable et en même temps la
plus nécessaire à la sûreté des états ? Pros-
crivons, exécrons les abus qui ont signalé le
rétablissement de cette institution parmi nous ;
quand il s'agit du sang des hommes, on ne
saurait assez s'indigner contre la vanité des

motifs qui le font répandre : mais ne touchons pas au principe qui établit la solidarité commune dans les dangers de la patrie, et gardons-nous de laisser croire qu'un individu quelconque puisse être dispensé de servir son pays, quand il s'agit de son honneur, de son indépendance et de sa sûreté.

D. De quelle nature doit être le dévouement des citoyens dans ce cas ?

R. Nous avons déjà répondu à cette question, en disant : que la patrie est relativement à chacun de ses membres, ce qu'est une famille par rapport aux enfans qui la composent : il s'ensuit que le même courage qui animerait ceux-ci dans le cas d'un danger pressant, doit animer les premiers, lorsque le salut de l'état se trouve compromis par les tentatives de quelque ennemi.

D. Les motifs et les intérêts sont-ils les mêmes de part et d'autre ?

R. Absolument : le fils qui sentirait ses forces et son audace s'accroître à la vue des dangers qui menaceraient le toit paternel, a les mêmes raisons de s'armer de dévouement et de courage à l'aspect des dangers qui menaceraient sa patrie. Les mêmes conséquences l'atteindraient de part et d'autre, si son cœur était capable de trahir une cause aussi sacrée. Les agresseurs de son pays n'épargneraient pas plus son père, ses enfans et son épouse, que les brigands qui viendraient attaquer sa maison pour la piller et la ruiner. La sécurité à laquelle il prétendrait dans un désastre public, est une chimère sur laquelle il serait bientôt cruellement détrompé. L'écroulement des institutions de son pays, de ses lois, de ses libertés, l'entraînerait dans l'abîme, et, comme ceux qu'il aurait eu la lâcheté d'abandonner, il y resterait courbé sous le poids de l'infortune, de l'oppression et du malheur.

D. Cela étant, que pensez-vous de ceux qui, au lieu de courir à la défense de leur patrie, secondent les projets de ses ennemis dans l'intérieur, forment des vœux pour ses succès, et voudraient se repaître de l'extermination de tous ceux qui la défendent, pour le triomphe de leurs opinions ?

R. Périssent ces parricides abominables ! ils ont perdu tout droit à l'indulgence du ciel et des hommes. La plus affreuse pensée qui puisse saisir l'esprit humain est celle de songer que la patrie n'a pas de plus grands ennemis que ses propres enfans. Il n'est pas d'ame tant soit

(54)

peu généreuse qui puisse la supporter sans
frémir d'indignation. Malheur à ceux qui en
sont l'objet! les dangers de la patrie pourraient bien appeler sur leurs têtes tous les
maux qu'ils lui souhaitent. Il est impossible
que le ciel puisse laisser leur crime sans vengeance.

D. Quel effet doit produire l'union des citoyens joint à leur dévouement et à leur courage ?

R. Le triomphe nécessaire de leur patrie.
On se garde bien d'attaquer un peuple tout
entier réuni pour la défense de ses foyers ; et,
quand on le tente, les effets de cette impru-
dence apprennent bientôt au monde qu'une
nation est toujours invincible, lorsque l'a-
mour de la patrie la rassemble dans les
champs d'honneur, et qu'elle y combat pour
son indépendance et pour sa liberté. (1)

____

(1) Ce sujet nous ayant entrainés plus loin que nous
ne le pensions ; nous renvoyons à notre prochain cahier
la suite des questions sur les devoirs du peuple, qui ont
pour objet *de rendre la patrie tranquille au dedans ,*
et le Catéchisme d'un prince *qui veut régner par la
puissance de l'opinion publique.*

PROPOSITIONS

AUX REPRÉSENTANS DU PEUPLE.

REPRÉSENTANS,

Vous allez commencer votre session à une des époques les plus mémorables et en même temps les plus graves où le peuple français se soit jamais trouvé. Vous êtes appelés à la fois à consolider sa liberté, depuis si long-temps illusoire pour lui, et à le sauver des entreprises d'une coalition impie qui veut la lui ravir les armes à la main. Dépositaires de la confiance et de la volonté de la nation, vous pouvez exécuter l'une et l'autre de ces honorables missions, dignes toutes les deux de votre courage et de vos efforts.

Permettez à un Français qui voudrait lier, en quelque chose, ses faibles pensées au salut de son pays, de vous proposer ses vues sur ce grand but de votre mission.

Les circonstances ne sont pas favorables, il faut l'avouer, à l'exécution des travaux qui doivent perfectionner notre pacte social. Ce qui existe de nos libertés reconnues et consacrées, doit suffire pour le moment à nos vœux et à nos espérances. Avant d'achever l'édifice de nos lois fondamentales, un objet plus pressant appelle vos efforts ; c'est d'empêcher qu'il ne soit renversé de fond en comble, et qu'à sa place on n'élève celui de l'oppression, de l'esclavage et de la honte.

Des ennemis intérieurs de la liberté du peuple, favorisés par des ménagemens dont l'abus a suffisamment démontré l'inutilité, lèvent audacieusement l'étendard des dissensions intestines, corrompent l'opinion par des cris séditieux ou par des écrits incendiaires, appellent la dévastation et le carnage sur leur patrie, secondent, par leurs vœux et par leurs efforts, les desseins des ennemis extérieurs. La volonté du peuple, dont vous êtes les dépositaires, doit enfin les réduire au silence. Vous ne souffrirez pas que, dans une circonstance qui doit décider des destins de la France, ce scandale subsiste plus long-temps ; que dans l'alternative qui est présentée aux Français de recevoir des fers ou la mort, des hommes qui *se disent Français*, puissent, sous vos yeux, faire cause commune avec les ennemis de l'état, et les aider dans leurs projets ; que, tandis que le Prince, suivi de l'élite de la nation, combattra pour assurer l'indépendance

dépendance du peuple, des lâches osent, par leurs manœuvres ténébreuses et perfides, troubler ses nobles travaux.

La régénération politique de la France et le rétablissement solennel de son trône et de son Prince, vous offrent l'occasion et le motif d'un grande mesure à cet égard.

Qu'il soit libre à tous les Français, qui ne veulent ni des lois ni du Prince que la nation a proclamés au Champ de Mai, d'aller se réunir à ceux qui viennent disputer au peuple ses droits et sa volonté. Il est juste que leur corps soit là où sont leur cœur et leurs affections, et qu'ils ne soient pas contraints de vivre sous un régime dont ils ne veulent pas.

Mais après un juste délai que vous fixerez ; que tous les Français qui n'auront pas usé de cette faculté, soient réputés avoir souscrit librement au nouvel ordre de choses, et qu'une législation vigoureuse et forte pèse dès ce moment sur les perturbateurs de l'ordre public, quels qu'ils soient. *Le salut du peuple est la loi suprême :* jamais circonstance n'en demanda peut-être avec plus de force l'application.

Une autre mesure non moins importante,

est celle que vous croirez sans doute devoir prendre à l'égard des puissances qui s'avancent en armes contre nous. Elles ont déclaré à la face du monde qu'elles n'entendaient point porter atteinte aux droits de la nation qu'elles venaient combattre, quant à la forme du gouvernement qu'elle jugerait à propos de choisir : eh bien ! déclarez-leur que l'ouvrage de son indépendance à cet égard est terminé, qu'il l'a été librement, que ses lois, ses institutions, le trône qu'elle a relevé, le Prince dont elle a fait choix, sont désormais sous l'égide de la volonté et de la puissance nationales, et que dès-lors tout prétexte de guerre, étant nécessairement subordonné au grand principe qu'ils ont émis, il doit cesser d'avoir son effet. Donnez à ce manifeste national le caractère et la dignité d'un grand peuple qui a le sentiment de ses droits et de sa force ; qu'il soit porté avec appareil aux gouvernemens ennemis, et que l'Europe apprenne par vous que, si l'on persiste, malgré cela, à faire la guerre à la France, ce n'est que pour attenter au droit le plus sacré des peuples, à leur indépendance et à leur liberté.

Enfin vous aurez encore égard à la violation la plus cruelle, la plus outrageante pour le peuple qui en est l'objet, et la plus inouïe peut-être qui existe dans les fastes des peuples civilisés. Le cœur se brise à la pensée de tout ce que doit éprouver de douleur et de tristesse un Prince, qui se trouve privé sur le trône des objets les plus chers de ses affections ; qui a un fils qu'il ne peut pas serrer dans ses bras ; une épouse chérie, dans le sein de laquelle il ne peut pas chercher les consolations que l'on ne refuse même pas aux scélérats ; et l'honneur de la nation se soulève contre un outrage qui la prive, dans sa Souveraine, de l'ornement du trône, et, dans l'héritier du diadême, de ses espérances les plus chères.

C'est à vous, *Représentans*, qu'il appartient d'aller faire retentir, jusque dans l'asile où s'exécute cette violation aussi étrange qu'insultante, les puissantes réclamations de la nature outragée dans ce qu'elle a de plus sacré, du droit des gens méconnu dans ses premiers principes, de la religion même qui voue aux vengeances du ciel les coupables violateurs des nœuds qu'elle a consacrés et des sermens qu'elle a reçus. C'est à vous d'aller briser les entrailles d'un père égaré par une

politique barbare, horrible, qui fait déjà peser sur lui l'indignation de ses contemporains, et que la postérité ne pardonnera jamais à sa mémoire. C'est à vous d'aller redemander à Vienne, et à la face des peuples charmés de votre généreux courage, l'illustre épouse du Prince que le peuple français vient de replacer sur le trône, et l'auguste enfant sur qui reposent ses destinées. La France entière vous accompagnera de ses bénédictions et de ses vœux, et le jour où vous rentreriez dans son sein, conduisant avec vous les gages sacrés de son amour et de ses espérances, sera immortel dans ses fastes.

DUBROCA.

Se trouve à Paris,

CHEZ

- l'AUTEUR, rue Dauphine, n.º 20.
- DELAUNAY, Libraire, Galerie de bois, Palais-Royal, n.º 243.
- JOHANNEAU, Libraire, rue du Coq-Saint-Honoré, n.º 6.
- GERMAIN MATHIOT, Libraire, quai des Augustins, n.º 25.

De l'Imprimerie de P. N. ROUGERON, rue de l'Hirondelle, n.º 22.

Prusse, il pouvoit réussir à obtenir des étrangers que le Maine seroit considéré comme ne pouvant supporter les charges d'une guerre à laquelle il avoit contribué, il se disposoit à suivre cette importante affaire; mais il en fut aussitôt empêché, parce que d'autres députés arrivèrent, et qu'il fut entièrement séparé de ce pays, par un ordre du ministre de la guerre, en date du 21 juillet, qui lui enjoignoit de se rendre à Paris, et de remettre sa troupe au général Girard qui commandoit au Mans le 19 mars. (*Voyez Pièce n°. XXIII.*)

Le général Tranquille ayant accompagné le comte d'Ambrugeac, le commandement resta à M. de Maussabré; l'armée sous ses ordres conserva le même esprit de discipline et de dévouement, et continua d'être utile au Mans, à la Flèche, la Ferté-Bernard, au Lude, Château-du-Loir, et à Mamers.

Les officiers, sous-officiers et soldats, au nom de tous leurs camarades, firent à SA MAJESTÉ, le 31 juillet, l'adresse *Pièce n°. XXIV.*

Le 9 juillet, les députés du Maine réunis à MM. Darlange et de Gastines envoyés par l'armée royale, présentèrent au Roi l'hommage de la fidélité de la province et de ses braves défenseurs, dans une adresse insérée dans le Moniteur.

Le 5 septembre cette brave armée fut licenciée, et envoyée en partie dans les cantonnemens de l'armée de la Loire.

La liste des officiers et des volontaires qui ont été tués ou blessés dans cette courte mais glorieuse campagne du Maine, a été donnée au Gouvernement, ainsi que l'état des officiers et des volontaires qui se sont particulièrement distingués. Le général d'Ambrugeac se fera un devoir de reproduire les divers états qui constatent les justes droits que ces braves royalistes ont acquis à la bienveillance de Sa Majesté.

Il est heureux de pouvoir citer encore, à l'appui de leur honorable conduite, les rapports qui ont été faits par le préfet et le commandant militaire de la Sarthe, aux ministres de S. M., dans le mois de février dernier; ils ne laissent aucun doute sur les services que cette petite armée a rendus à la cause royale : elle est représentée dans ses rapports officiels comme ayant conservé intact l'honneur des armes du Roi, et sans éprouver un seul revers au milieu des forces supérieures dont elle étoit entourée.

PIÈCES

CONTENUES DANS LE MÉMOIRE.

——

N.° I.

En vertu des pouvoirs que nous a donnés S. A. S. Monseigneur le duc de Bourbon, nous, maréchal des camps et armées du Roi, ordonnons à M. le comte Vallon d'Ambrugeac, maréchal des camps et armées du Roi, de prendre le commandement de la Sarthe, et pays circonvoisins, de l'organiser pour le service du Roi, d'y placer les officiers qu'il jugera le plus dignes de commander, et d'employer tous ses moyens pour arracher les pays qui lui sont confiés, aux ennemis du Roi.

Ce 16 mai 1815.

Signé le chevalier D'ANDIGNÉ,
Maréchal-de-camp.

N.° II.

Proclamation. (Voyez page 15.)

N.° III.

Adresse à Monsieur le comte d'Ambrugeac, maréchal-de-camp, commandant le département de la Sarthe, par les maire, adjoints et membres du conseil-municipal de la ville du Lude, arrondissement de la Flèche, département de la Sarthe.

Monsieur le Comte,

La trahison la plus lâche avoit forcé le Roi à quitter ses États. Cet horrible événement avoit couvert la France d'affliction et de deuil. La discorde, à l'œil farouche, au regard menaçant, au teint pâle et livide, agitoit ses torches ensanglantées, et faisoit égorger des Français. La guerre civile étendoit partout ses ravages, le règne de la terreur s'organisoit, et exposoit la patrie aux fureurs d'une révolution nouvelle. Notre département a été préservé de ce fléau désolateur. C'est à l'énergie de la brave armée que vous commandez, M. le comte, qu'il doit ce bienfait. La ville du Lude vous a une obligation plus particulière. Vous êtes entré dans ses murs, non avec les dispositions d'un conquérant qui pouvoit user des droits qu'attribue la victoire, non avec une âme ulcérée et respirant la vengeance que l'égarement de quelques citoyens sembloit rendre naturelle, mais avec des sentimens de clémence et de douceur. Par cette conduite généreuse vous avez préparé tous les cœurs à goûter le bonheur que fait naître son heureux retour. La paix est rétablie parmi nous. La sagesse, le dévouement et le zèle du commandant que vous nous avez donné contribueront à la maintenir. Puisse le ciel, M. le comte, bénir vos destinées, et vous protéger dans la carrière militaire que vous parcourez avec tant de gloire!

A la mairie du Lude, le 17 août 1815.

(*Suivent les signatures.*)

N.° IV.

Lettre de M. le chevalier de Marescot, Inspecteur des gardes nationales du Vendômois, au général d'Ambrugeac.

Monsieur le Général,

C'est au nom des royalistes et des gentilshommes du Vendômois, que j'ai l'honneur de répondre à la lettre que vous m'avez adressée en date du 16 de ce mois; si, comme le porte votre lettre, l'affaire en question n'est pas de nature à être communiquée par écrit dans toute son étendue, vous ne pouvez vous refuser, M. le général, à me donner un extrait des articles qui concernent les royalistes et les gentilshommes du Vendômois; ils m'ont chargé expressément de vous faire cette demande.

Ils n'étoient point prêts à partir le 4 juin dernier pour combattre les ennemis du Roi, ainsi que le dit votre lettre du 16; mais ils eussent été sur pied le 4 juillet en vertu des seuls ordres que j'en ai reçus, en date du 25 juin ; et, par une autre lettre du 2 juillet ; je n'ai pas dû bouger.

Vous me dites aussi, M. le général, avoir vu au Mans, M. Guyot de la Poterie, le 17 juillet, avec l'intention de rejoindre l'armée de sa personne seulement, n'ayant ni hommes ni troupes à y amener. Cela paroît étonnant, puisque le 10 juillet, M. de la Poterie m'écrit que le Roi est entré à Paris, et que tout est fini.

Je sollicite de vous, M. le général, une réponse très-prompte, afin de mettre mes compatriotes à même de découvrir les imposteurs, et de les poursuivre comme ils le méritent.

Agréez, je vous prie, l'assurance des sentimens, de la considération respectueuse, etc. etc.

Signé le chevalier DE MARESCOT,

Chevalier de Saint-Louis et de la Légion-d'Honneur, Inspecteur des gardes nationales du Vendômois.

N.º V.

Lettre de M. Pasquier. (Voyez page 18.)

N.º VI et VII.

Idem. (Voyez page 19.)

N.º VIII.

Idem. (Voyez page 20.)

N.º IX.

Lettre du maréchal Davoust, ministre de la guerre de Buonaparte, au général Lamarque, commandant en chef les troupes contre l'armée de l'Ouest.

Paris, le 7 juin 1815.

Monsieur le général, après avoir conféré avec M. le duc d'Otrante, sur l'objet de votre lettre du 5 de ce mois, et après avoir pris les ordres de l'empereur, nous vous autorisons à signer une pacification pour les départemens de l'Ouest, sur les bases suivantes :

Art. 1er. Amnistie pleine et entière et sans réserve pour le passé.

2. Il sera libre à M. de la Rochejacquelin d'habiter la France, ou de passer à l'étranger, et de vendre ses propriétés.

3. Les décrets rendus contre M. d'Andigné sont rapportés. Il lui est accordé la même latitude qu'à M. de la Rochejacquelin.

4. MM. d'Autichamps, Suzannet, Sapineau, et tous les autres chefs, pourront habiter telle commune qu'ils voudront, dans toute l'étendue de l'empire, en donnant leur parole d'honneur d'y être tranquilles, et de n'employer leur influence que pour le maintien de la paix.

En traitant avec des Français, qui dans leurs erreurs

même ont montré une loyauté constante, toute dé-
fiance seroit injurieuse.

5. Tous les individus arrêtés par suite de l'insur-
rection, seront mis en liberté, notamment M. de
Boisgui.

6. Il n'y aura aucune levée, aucun appel aux anciens
militaires, dans le courant de cette année 1815.

On ne pourra employer les habitans qu'à la garde
de leur propre département.

7. L'empereur s'engage à demander et à obtenir
des chambres un dégrèvement pour les impositions
de 1815.

8. Les individus qui ont des talens, et le désir de
servir la patrie et l'empereur, seront admis aux places,
aux mêmes conditions que tous les citoyens français.

9. L'empereur voulant reconnoître les services de
ceux qui dans cette circonstance contribuent à la pacification d'une contrée livrée à tous les malheurs d'une
guerre civile, a autorisé ses ministres de la guerre et
de la police à lui présenter un rapport sur les recom-
penses et pensions à accorder.

10. Immédiatement après la signature de la pacification, il sera envoyé des officiers pour la faire connoître, et y proclamer les loi et actes du gouvernement.

11. L'empereur s'en rapporte à la loyauté des signa-
taires de la présente pacification, pour la remise des
armes et des munitions qui ont été débarquées sur nos
côtes.

Signé le maréchal prince D'ECKMULH.

N.° X.

Lettre du général Lamarque, au général Sapinau.

21 juin 1815.

MM. de Malartic, Flavigny et de la Béraudière doivent être en ce moment auprès de vous, porteurs des propositions faites par le gouvernement.

Ils m'ont assuré que, malgré la différence de nos opinions, vous conserviez le cœur français, et que vous n'étiez pas insensible aux malheurs dont ce pays est le théâtre. C'est du champ de bataille de Roche-Servière, où il n'a été versé que du sang français, que je vous écrit, et je ne vous offrirai que des conditions que l'honneur peut avouer, et qui concilient vos intérêts et ceux de la patrie.

Il est possible qu'on vous trompe sur les événemens. Une dépêche télégraphique, transmise par le général Charpentier, m'annonce que l'empereur a remporté une victoire complète sur les armées de Wellington et de Blucher.

Je désire, Monsieur, avoir une prompte réponse, et savoir votre façon de penser sur ma proposition, qui est la dernière de ce genre que je crois pouvoir me permettre.

Signé LAMARQUE.

N.º XI.

Lettre de M. le chevalier d'Andigné. (Voyez page 35.)

N.º XII.

Idem. (Voyez page 39.)

N.º XIII et XIV.

Lettre de M. Pion, major de la division Bernard. (Voyez page 41.)

N.º XV.

Idem. (Voyez page 42.)

N.º XVI.

Les officiers de la division de l'armée royale du département de la Sarthe, etc., réunis aujourd'hui dans le bourg de Mezerai, au général commandant ladite division.

Général,

Les officiers sous vos ordres, saisissent le moment pour vous exprimer combien ils se trouvent heureux de combattre sous le commandement d'un général, qui, dans des circonstances aussi difficiles et aussi périlleuses, a déployé des talens qui ont mis la division, non seulement, à l'abri de tous les dangers, mais qui l'ont conduite trois fois à la victoire.

Acceptez, général, le tribut de notre reconnoissance; vous nous avez prouvé, que non seulement vous saviez braver les dangers, mais que vous saviez également partager nos fatigues.

Vous trouverez toujours en nous, général, des fidèles royalistes, qui se feront un véritable plaisir de servir sous vos ordres, et nous osons le dire, un honneur de vous suivre partout où vous nous conduirez; vos intentions sont pures, notre dévouement est sans bornes.

Nous combattrons partout l'ennemi qui osera nous attaquer, et partout nous chercherons à déjouer l'intrigue qui auroit la bassesse de vouloir entraver vos opérations.

9 juin 1815.

(Suivent les signatures de tous les officiers.)

N.º XVII.

Lettre du maréchal-de-camp, Mocquery, au général d'Ambrugeac, reçue le 30 juin.

Au Mans, le 28 juin 1815.

Général;

Je suis chargé par M. le lieutenant-général Hamelinaye, commandant la 22ᵉ division militaire, de vous transmettre copie certifiée de la lettre ci-jointe, écrite par M. de Sapineau, commandant les Vendéens, à

M. le lieutenant-général Lamarque, commandant en chef l'armée de la Loire.

M. le lieutenant-général Hamelinaye, en m'ordonnant cette commutation, me mande qu'il apprend par une lettre du même général en chef, datée de Cholet, le 26 juin, que les chefs insurgés ont, le 24, accepté un armistice pour négocier la paix.

Il ajoute que la pacification qui se traite s'étend au département de la Sarthe, parce qu'il faut que le sang français cesse de couler.

Je m'empresse de vous adresser ces détails, et vous invite à me faire connoître vos intentions sur les dispositions dont il s'agit, et qui, si elles sont adoptées, peuvent mettre un terme à nos dissensions civiles.

J'ai l'honneur d'être, etc.

Signé le maréchal-de-camp, MOCQUERY.

Lettre du général Mocquery au général d'Ambrugeac, 30 juin.

Général,

J'ai l'honneur de vous envoyer deux pièces officielles que nous venons de recevoir, M. le préfet et moi. Ces pièces nous annoncent que la pacification de la Vendée a été ratifiée le 28, par M. de Sapineau, général en chef des Vendéens; vous avez, par ma première lettre, vu que l'armistice et la pacification pouvoient, si vous y consentiez, s'étendre à ce département. Les conditions m'en paroissent très-simples; elles doivent être les mêmes que celles stipulées pour la Vendée, et qui, dès-lors, s'appliqueroient entièrement à ce pays.

La conférence peut avoir lieu demain, à Coulans, chez M. Pasquier, à deux heures après-midi. Nous nous y rendrons, d'un côté, M. le préfet Lagarde et moi, avec six cavaliers, sans autre suite, et un aide-de-camp; vous y viendrez de votre côté avec le même nombre. Entre Français, je suis sûr que nous n'aurons pas besoin d'autre garantie que de notre parole d'honneur nous servant de sauve-garde mutuelle.

Par le désir d'arrêter toute effusion de sang français, j'ai donné l'ordre à la plupart de mes troupes de prendre poste, et de leur enjoindre seulement de se garder militairement dans les lieux que je leur ai assignés. Cette considération me fait souhaiter le plus prompt rapprochement pour éviter toute espèce de rencontre fâcheuse, et les malheurs qui s'en suivroient.

J'ai l'honneur, etc.

Signé le général MOCQUERY.

N.º XVIII.

Journal des délibérations du conseil de guerre de l'armée royale de la Sarthe.

Séance du 29 juin.

Monsieur le comte d'Ambrugeac commandant de l'armée royale de la Sarthe, a dit :

« Messieurs! J'ai à vous communiquer plusieurs
» lettres importantes, signées de M. le chevalier d'An-
» digné, général en chef, et de M. Pion. J'ai fortement
» à me plaindre ; mais les intérêts particuliers dispa-
» roissent lorsqu'il s'agit des intérêts du Roi et de

» votre sûreté personnelle. Vous verrez à quel point
» elle étoit compromise.

» M. d'Andigné m'avoit donné l'ordre le 16 juin de
» m'approcher de lui; j'étois à Maigré, lui à Torigné.
» J'obéis, et me portai sur Saint-Ouen, après l'avoir
» instruit que je ferai jonction à Brulon le 17, à cinq
» heures du soir. Ne le trouvant pas, j'ai envoyé des
» correspondans sûrs à Torigné et autres villages; on
» ne trouva aucune des traces de M. d'Andigné; j'en-
» voyai le chevalier de Gastines et le capitaine Du-
» taillis, ils ne purent en découvrir de nouvelles.

» Le mouvement des ennemis s'opéroit contre nous
» pendant ce temps, tant de Sainte-Suzanne que du
» Mans; le même jour que M. d'Andigné m'écrivoit
» qu'il m'attendoit à Torigné, il écrivoit à M. de la
» Poterie, de Chenille, sous la date du 16, la lettre
» ci-jointe, par laquelle il le prévenoit qu'il étoit en
» pourparler politique, et en arrangement avec le
» gouvernement de Buonaparte.

» Il me fut pénible, et il m'est encore impossible
» de croire que M. d'Andigné ait pu avoir de mauvais
» desseins, tant relatifs à moi qu'à la cause royale.

» Mais le fait est que si j'avois tardé d'un seul jour
» de passer la Sarthe à Noyen, le corps que je com-
» mande eût été en danger, et vous savez, Messieurs,
» avec quelle constance j'ai été suivi dans mes marches
» jusqu'à Saint-Jean-de-la-Motte, et dans toutes les fo-
» rêts, par les ennemis de ce département; je n'en ai
» été délivré que par l'expédition de Jupille, qui a été
» rapide et secrète; enfin j'ai repassé la Sarthe; j'y
» trouvai encore les ennemis à notre poursuite; je

» les évitai de nouveau à raison de leurs forces et des
» circonstances politiques, par une marche forcée et
» une contre-marche sur Viré. Pendant cet inter-
» valle, où les forces ennemies etoient contre nous,
» la frontière et les troupes royales de l'Ouest de la
» Sarthe étoient tranquilles.

» J'ai eu le chagrin à mon arrivée à Viré, d'ap-
» prendre, ainsi que vous, que pendant que nous
» étions tous en danger, et que mes camarades et mes
» soldats me donnoient tant de preuves de dévouement
» et d'attachement, on écrivoit à leur famille des
» lettres perfides contre moi.

» On leur disoit que je devois les livrer à l'ennemi.

» Chacun de vous, Messieurs, connoît les tenta-
» tives qui ont été faites pour empêcher que la levée
» en faveur du Roi eût lieu ; mais ce qu'il y a de
» plus extraordinaire, c'est que des ordres ont été
» donnés à d'autres corps royalistes d'éviter de s'ap-
» procher de celui-ci, et vous avez sur ce point en-
» tendu la déposition de M. le major Bonnecause et
» autres. Voilà, Messieurs, l'extraordinaire position
» où vous étiez ; au milieu des marches et opérations
» ennemies, qui en dernier lieu étoient réunies contre
» vous, au nombre de près de trois mille hommes de
» troupes de ligne, sans compter les réfugiés et les
» gardes nationales, et que nous avons combattu, fa-
» tigué, harcelé..... par des marches exécutées avec
» art et avec la confiance absolue du soldat, à qui
» vous avez donné vous-même un si noble exemple.

» Nous avons été victorieux dans six affaires dans
» lesquelles nous n'avons perdu que quelques hommes

» et quelques blessés, dont huit sont déjà rentrés dans
» vos rangs : que n'eussiez-vous pas fait si vous eussiez
» été nombreux et soutenus, puisqu'en dernier lieu,
» avec cinq cents hommes vous avez fait une diver-
» sion, vous avez attiré l'attention des ennemis, em-
» ployé leurs forces, exécuté les ordres du Roi pour
» lequel vous êtes armés, et paralysé tous les moyens
» que le gouvernement usurpateur pouvoit tirer de
» ces pays-ci ?

» Je crois utile pour les intérêts du Roi, juste pour
» notre gloire, et digne de votre dévouement pour
» Sa Majesté, de déposer ici les lettres ci-jointes,
» afin que vous en constatiez l'authenticité, et que
» vous preniez telles mesures qu'il vous plaira pour
» les preuves de toutes chances de guerre, afin de les
» représenter quand il le faudra.

» Je vous prie même de décider si en vertu de ces
» trames odieuses, il n'est pas utile pour la cause du
» Roi, que je dépose le commandement en d'autres
» mains. J'espérai ainsi réduire au Mans les malveil-
» lans qui seront obligés au moins de chercher d'autres
» moyens que la calomnie contre moi, et je me ferai
» un honneur d'achever de payer mon tribut de fidé-
» lité à mon Roi, en marchant comme volontaire à
» la tête des grenadiers. Heureux, après avoir partagé
» vos travaux, vos dangers et vos fatigues, de con-
» tinuer ainsi la guerre au milieu de vous ! »

Le conseil de guerre de l'armée royale de la Sarthe,
ayant entendu le rapport de M. le général-comman-
dant, et M. le comte d'Ambrugeac s'étant retiré, le
conseil a délibéré sur les faits qui lui ont été présentés,

sur lesquels il avoit déjà eu des renseignemens particuliers, et après avoir aussi entendu la déclaration ci-
jointe de M. le major Leroy, il a réduit à deux points
principaux les faits dont il s'agit dans le rapport de
M. le comte d'Ambrugeac.

1°. Est-il plus dangereux qu'utile que M. le comte
d'Ambrugeac se démette du commandement de l'armée momentanément ?

2°. M. le comte d'Ambrugeac ayant proposé de
remettre au conseil les lettres et autres pièces relatives
à l'affaire dont il a instruit, afin de les reproduire en
temps utile.

Le conseil ayant mis aux voix la première question, il a été répondu à l'unanimité :

1°. Que M. le comte d'Ambrugeac ne doit ni ne
peut se démettre du commandement en chef, parce
que les intérêts de la cause royale en seroient blessés ;

2°. Parce que M. le comte d'Ambrugeac a acquis
toute la confiance de ses officiers et de toute son
armée, par ses talens militaires, sa loyauté et son
dévouement.

Le conseil ayant aussi mis en délibération la
deuxième question, il a été convenu à l'unanimité
que les lettres, et autres papiers remis par M. le comte
d'Ambrugeac, seront déposés aux archives du conseil ; que lesdits papiers seront revêtus de la signature
de M. le président du conseil, et de quatre de ses
membres, pour constater l'identité de leur existence
et de leur entière inviolabilité ; et qui ne seront remis
à M. le comte d'Ambrugeac que lorsque des circonstances supérieures lui feront un devoir de donner à

cette affaire toutes les suites qu'exigeront les ordres du Roi.

M. le président demande que la déclaration de M. le major Leroy soit insérée au procès-verbal.

Adopté.

Déclaration de M. le major Leroy.

Ayant été envoyé par M. le général commandant, à M. le chef de bataillon Tancrède, pour lui donner l'ordre de se réunir à nous avec ses troupes, le chef de bataillon Tancrède a répondu qu'il ne pouvoit obtempérer à l'ordre de M. le comte d'Ambrugeac ; 1°. parce que ses troupes n'étoient pas réunies ; 2°. parce qu'il avoit des ordres contraires à cette réunion, transmis par le chef de bataillon M. Gaulier, venant de M. le chevalier d'Andigné ; lesquels ordres on supposoit venir de M^r le duc de Bourbon.

En foi de quoi j'ai signé la présente déclaration.

Au château de Viré, les jour et an que dessus.

(*Suivent les signatures* .

Du château de Viré.

Séance du 30 juin 1815.

Les mêmes membres présens, et lecture du procès-verbal de la précédente séance ayant été faite ;

M. le comte d'Ambrugeac, commandant en chef les royalistes du département de la Sarthe, ayant fait part au conseil d'une dépêche du général Mocquery, maréchal-de-camp, commandant des troupes dans le département de la Sarthe, à l'effet de proposer une suspension d'hostilités entre les troupes royales et celles du gouvernement de Buonaparte, le général comte d'Ambrugeac propose la réponse suivante à M. le général Mocquery, maréchal-de-camp :

Général,

— J'ai reçu votre lettre du 29 courant, dont j'avois déjà eu un duplicata de M. le commandant de vos troupes à Sablé. Je vous envoie vos deux estafettes accompagnées de mes deux aides-de-camp, qui me rapporteront votre réponse.

Je crois utile d'avoir avec vous une conférence qui puisse expliquer l'objet de votre communication, dont le but sans doute est très-important. En attendant, je viens d'ordonner une mesure militaire, que sans doute vous aurez prise de votre côté.

J'ai donné l'ordre à tous corps, détachemens de troupes dans mon commandement dans le département de la Sarthe, de suspendre toute marche jusqu'au résultat de la conférence. Dans le cas où vous n'auriez pas pris cette mesure, je vous prie, général, de donner par écrit des ordres en conséquence.

Je crois devoir vous prévenir, général, que je me rends aujourd'hui à Brulon pour y être selon les dispositions que je vous manifeste dans ma lettre.

J'ai décidé, par mesure de prudence, que mes.

deux aides-de-camp s'arrêteront à une demi-lieue du Mans, pour y attendre votre réponse.

A Viré, les jour et mois que dessus.

Brulon.

Même séance du 30 juin 1815.

M. le comte d'Ambrugeac ayant exposé que le prétendu traité qui auroit pu être signé dans la Vendée, ne peut et ne doit servir de règle pour le corps qu'il a l'honneur de commander, et parce que ledit traité ne peut être expliqué que par des circonstances malheureuses dont il n'a pas connoissance,

Le conseil a décidé que M. le comte d'Ambrugeac se rendroit à la conférence, et feroit une suspension d'armes pure et simple, ayant pour but d'attendre en sûreté, vu les forces de l'ennemi et la stagnation des autres corps royalistes, les nouvelles de Paris, sauf dans les quarante-huit heures à reprendre les armes si les cas l'exigent.

Au quartier-général de Brulon.

(*Signé*) M. le maréchal-de-camp, commandant en chef, comte D'AMBRUGEAC; le général TRANQUILLE, maréchal-de-camp; DE MAUSSABRÉ, colonel; DE MAURAND, colonel; DE LA FONTAINE, colonel; DE SOURDON, major; DARLANGE, colonel; J. DE GASTINES, major; BRILLON, major; SIMON, major; LEROY, major; DONCY, major; DE TILLY, chef de bataillon; BIGNON, chef d'escadron; SAINTE-CROIX, chef d'escadron; DE BRET, chef d'escadron; GUERY, chef de bataillon; Morin (François), chef de bataillon; Bellefin, chef de bataillon; Luxembourg, capitaine; Leroux, secrétaire, commissaire des guerres, adjoint.

N.º XIX.

Lettre de M. le chevalier d'Andigné, au comte d'Ambrugeac.

4 juillet 1815.

Monsieur le comte,

Le traité des Vendéens m'a attiré de vives sollicitations des généraux commandant dans les provinces où j'ai reçu des pouvoirs d'y adhérer; j'ai cru répondre aux vœux de tous ceux qui ont bien voulu s'unir à mon sort, en me refusant à tous, à cet instant où il ne me sembloit pas décent de traiter avec un gouvernement qui n'existoit plus, et de renoncer au Roi, au moment où il rentroit dans ses droits. Je leur ai déclaré du reste qu'ils seroient responsables, vis-à-vis du Roi de la moindre hostilité qu'ils commettroient, et que je regarderois telle, l'entrée d'une colonne sur mon territoire, et que dans ce cas je l'attaquerai sans balancer. D'après cela, M. le comte, je vous prie de vouloir bien ne commettre aucune hostilité, si l'on n'en commet pas envers vous; mais en même temps je vous engage à vous tenir sur vos gardes, jusqu'à ce que les ordres du Roi soient reconnus partout. Oserois-je vous prier de donner avis de ceci à M. G. de la Poterie, avec lequel, j'espère, vous aurez conservé des relations.

J'ai l'honneur d'être avec une considération distinguée, etc.

Signé le chevalier D'ANDIGNÉ.

N.° XX.

Le Préfet du Mans au général d'Ambrugeac.

Coulans, le 10 juillet.

Monsieur le comte,

Je partage bien sincèrement votre douleur au sujet de la conduite des troupes cantonnées dans ce département ; leur aveuglement pour ces tyrans doit incessamment cesser ; ils suivront l'exemple de l'armée française, et bientôt tous les bons et fidèles Sarthois pourront faire éclater hautement leur sentiment de respect et d'amour pour notre Roi, sans craindre de l'affliger encore par les malheurs d'une guerre entre Français.

Ce département doit à votre courage et à celui des troupes sous vos ordres, l'honneur d'avoir... aux ordres de Buonaparte ; il attend de votre prudence, de votre dévouement, de nouveaux sacrifices. Vous avez glorieusement porté les armes contre les troupes de Buonaparte ; il ne vous reste aujourd'hui qu'à attendre, dans une attitude imposante pour les factieux, les ordres qu'il plaira au Roi de vous donner; et je les ai sollicités par deux envoyés partis cette nuit pour Paris.

Jusqu'à ce que le ministre chargé de l'exécution de l'ordonnance du Roi, au sujet de la rentrée en fonctions des fonctionnaires civils, ait notifié ses ordres à M. de Lagarde et à moi, je ne puis encore exercer une administration dont je n'ai pas les rênes. Aussitôt que je serai installé préfet de ce département, ce qui, j'espère, sera dans un ou deux jours, je prendrai toutes les mesures nécessaires pour faire respecter partout l'autorité du Roi, et il me sera facile de faire exécuter les ordonnances du père des peuples. Jusque-là, M. le comte, je ne puis que vous inviter instamment à maintenir, comme vous l'avez toujours fait, vos troupes dans la plus exacte discipline. Les ordres souverains du Roi ne pourront tarder à vous parvenir. J'espère que vous et les vôtres seront honorablement récompensés de vos nobles sacrifices, et déjà ce département vous a accordé la plus douce récompense par son estime et sa confiance en votre bravoure et en votre sagesse.

La proclamation et les ordres du Roi sont adressés par les soins de MM. Lagarde et Mocquery ; ils pouvoient sans doute mieux faire, mais vous ne pouviez rien exiger de plus, sans troubler ce département. Ce motif est trop puissant pour ne pas vous décider à attendre les ordres ultérieurs de S. M. J'espère que vous ne doutez pas de mon désir de contribuer à vous faire rendre justice pour votre bonne conduite et vos bonnes intentions.

J'ai l'honneur d'être, etc.

Le préfet de la Sarthe, *signé* PASQUIER.

N.º XXI.

Lettre de Messieurs Lagarde et Mocquery au général d'Ambrugeac.

Le Mans, 11 juillet 1815.

Général,

Notre réponse à la lettre que vous nous avéz fait l'honneur de nous adresser, est dans la publication et les pièces dont vous trouverez ci-joint quelques exemplaires imprimés.

Ces pièces étoient déjà sous presse lorsque votre dépêche nous est hier arrivée.

Elles sont depuis ce matin publiées et placardées au Mans, et vont successivement l'être dans toutes les communes du département.

Nous remplirons les devoirs qui naissent pour nous du retour du Roi, comme nous avons rempli ceux qui nous lioient auparavant.

Nous justifierons en tout la confiance que S. M. daigneroit nous accorder.

Vous aurez remarqué que, par une conséquence nécessaire de l'ordonnance royale du 7 de ce mois, les militaires aujourd'hui employés sont conservés dans leurs attributions actuelles, puisque la révolution annoncée n'atteint que les fonctionnaires de l'ordre administratif et judiciaire.

Agréez, général, l'assurance de notre considération.

Le maréchal-de-camp commandant le département de la Sarthe,   *signé* MOCQUERY.

Le Préfet de la Sarthe, *signé* P. LAGARDE.

N.º XXII.

Lettre du Préfet du Roi au général d'Ambrugeac.

Le Mans, 23 juillet 1815.

Monsieur le comte,

Les principaux habitans de ce département, réunis chez moi, m'ont témoigné le desir de vous prendre pour leur interprète, afin d'exposer la situation où ils se trouvent, par la présence des troupes alliées, et par les réquisitions énormes dont ils frappent ce département ; ils attendent de vous avec confiance ce nouveau service, quoique j'aie fait connoître aux ministres de S. M. notre position ; je me réunis bien volontiers aux habitans pour vous prier de vous rendre incessamment à Paris, afin d'y faire valoir nos droits.

J'espère que vous pourriez en même temps obtenir la récompense des services que votre corps a rendus par son courage et son dévouement au Roi.

J'ai l'honneur d'être, etc.

Le Préfet de la Sarthe, *signé* PASQUIER.

N.° XXIII.

Lettre de S. Exc. le Ministre de la Guerre au général d'Ambrugeac.

Paris, le 21 juillet 1815.

Général,

J'ai l'honneur de vous informer que, conformément aux intentions du Roi, M. le maréchal-de-camp Girard reçoit l'ordre de se rendre au Mans, pour reprendre le commandement du département de la Sarthe, dont il étoit pourvu au 20 mars dernier. Par suite de cette disposition, vous voudrez bien lui remettre le commandement des troupes qui sont sous vos ordres, et vous rendre à Paris où vous recevrez la destination à laquelle votre zèle et votre dévouement pour le service de S. M. vous donnent des droits.

Recevez, général, l'assurance de ma parfaite considération.

Le Ministre Secrétaire-d'Etat de la Guerre,

Pour le Ministre et par son ordre :

L'Inspecteur aux Revues, Chef de la 2.e Division,

Signé ROSTAING.

N.° XXIV.

Adresse des Officiers et Soldats composant la division du comte d'Ambrugeac, commandant en chef le département de la Sarthe, et pays adjacens,

A SA MAJESTÉ LOUIS XVIII.

SIRE,

Un voile funèbre couvroit la France; sa belle étoile sembloit être éclipsée; la tyrannie, dans l'ombre, aiguisoit ses poignards; les échafauds, les proscriptions, le système de la terreur, dont le souvenir est si dégoûtant, enfin tous les malheurs alloient fondre sur nous; Buonaparte avoit creusé le précipice qui devoit nous engloutir...... Au milieu de ce naufrage politique et d'une trahison sans exemple, on redemandoit à grands cris le Père de la Patrie.

Les royalistes du département de la Sarthe, pendant cette lutte, ont suivi avec constance l'antique bannière des Rois; un général que nous nommons avec orgueil (le comte d'Ambrugeac) a dirigé, d'une manière au-dessus de tous éloges, l'élan de ces nobles insurgés; toujours avare du sang de ses soldats, il ne l'a fait couler que dans les circonstances impérieuses : continuellement aux prises avec un ennemi trois fois supérieur en nombre, des marches et contre-marches tantôt le déroboient à ses poursuites, tantôt le plaçoient sur ses derrières; toujours en mouvement, le comte d'Ambrugeac, général et soldat à la fois, dirigeoit toutes les manœuvres. Le premier au feu, on voyoit flotter sur sa tête un panache blanc; à ce signe, tous reconnoissoient leur général; le combat commençoit aux cris de *Vive Louis XVIII!* et finissoit de même. Toujours victorieux, le comte d'Ambrugeac avoit tellement excité la rage de ses ennemis, que des colonnes, composées de plusieurs milliers de soldats, s'étoient dirigées de toutes parts contre sa petite armée, qui, quelquefois manquant des choses les plus nécessaires, s'étoit accoutumée, à l'exemple de son général, aux privations en tous genres.

Les soldats de la division ont tous fait leur devoir; ils sollicitent, pour toute récompense, l'avantage d'être commandés à l'avenir par le comte d'Ambrugeac qu^i est, pour eux tous, ce qu'un père est à sa famille.

SIRE! en parlant de notre général, nous acquittons une dette bien chère à nos cœurs, celle de la reconnoissance......... Puissent nos foibles voix venir jusqu'à vous, et se faire entendre! ....

SIRE! chassez les traîtres; ne réchauffez plus dans votre sein ces vipères. Quant à nous, fidèles à nos sermens, nous resterons armés pour défendre le trône et la dynastie des Bourbons, et nous jurons de combattre jusqu'à extinction les ennemis de notre Roi.

Au quartier-général, le Mans, 31 juillet 1815.

VIVE LOUIS XVIII !

(*Suivent les signatures, au nombre de deux cent quatre-vingts, pour tous leurs camarades ne sachant signer.*) .

ERRATA.

Page 10, ligne 16, L'ennemi ; *lisez : Le général.*
Page 24, lignes 3 et 4, et apportés le 18 juin à la Vendée ; *lisez : et apportés à la Vendée.*
Page 29, ligne 12, le traité de pacification et amnistie, *lisez : et d'amnistie.*
Page 29, ligne 14, et qu'ils n'ont pas averti ; *lisez : ils n'ont pas averti.*
Page 30, ligne 12, excitée par ce noble exemple ; *lisez : excitées par, etc.*
Page 31, dernière ligne, mémorable campagne ; *lisez : année mémorable.*
Page 32 *bis*, ligne 28, les mêmes escadrons qu'il avoit mis en fuite ; *lisez : qu'il mit alors en fuite.*
Page 33 *bis*, ligne 6, il fut paralysé ; *lisez : on fut paralysé.*
Page 33 *bis*, ligne 8, ses moyens furent ; *lisez : les moyens.*
Page 44, après n° XVI, *mettez* une virgule.
Page 64, ligne 16, à l'invitation de se rendre ; *lisez : l'invitation de se rendre.*
Pag. 69, après ces mots : au général d'Ambrugeac, *ajoutez :* 21 août 1815.
Pag. 78, lig. 27 et 28, et ce dans toutes les forêts par les ennemis de ce département ; *lisez :* par toutes les forces dans ce département.
Pag. 80, lig. 20, au Mans ; *lisez :* au silence.
Pag. 81, lig. 28, et qui ne seront remis ; *lisez :* et qu'ils ne seront remis.